MW01247051

ALBUM

1

POINTS d'ANCIENNES BRODERIES ANGLAISES

PAR

LOUISA F. PESEL

DIRECTRICE DES ECOLES ROYALES HELLÉNIQUES
DE TRAVAUX A L'AIGUILLE D'ATHÈNES.

GENÈVE
EDITION ATAR

(Printed in Switzerland)

DÉDIÉ

à

SA MAJESTÉ LA REINE

avec sa gracieuse permission

INTRODUCTION

ON PEUT ainsi définir la broderie: L'ornementation par l'aiguille de n'importe quel tissu.

Le but d'une brodeuse doit être de produire un travail parfaitement adapté à sa destination, et son succès dépendra de sa plus ou moins grande habileté à appliquer ses connaissances à ses travaux. Pour devenir une artiste, elle devra étudier les broderies des autres, profiter de leur expérience et apprendre ce qu'il lui faudra employer et aussi négliger. Avec le temps, elle ne consultera plus que son propre jugement pour savoir quelle étoffe, quelles couleurs et quels points elle devra adapter et combiner.

Les modèles fréquemment employés pour les broderies anglaises sont ceux des XVIIème et XVIIIème siècles, mais comme il est impossible, le plus souvent, de les avoir en mains et de les étudier, le besoin s'est fait sentir de posséder des dessins détaillés des points employés dans ces vieilles broderies, et on a pensé qu'ils rendraient service aux brodeuses. Les points choisis pour cet album sont ceux de modèles des XVIIème et XVIIIème siècles, conservés au Musée Victoria et Albert. Les originaux ont été pour la plupart brodés avec de la laine; il va sans dire qu'ils peuvent aussi bien être exécutés en soie.

Les brodeuses novices feront bien de noter que l'emploi simultané de plusieurs couleurs et d'une grande variété de points, au lieu de produire un bon résultat, donne à une broderie un aspect confus et déplaisant. Si l'on doit employer différents points, une ou deux couleurs, trois tout au plus, devront être adoptées; mais une couleur unique vaudrait encore mieux. D'autre part, si l'on doit employer plusieurs couleurs, il faudra réduire le nombre des points. Les plus jolis effets sont généralement obtenus par les moyens les plus simples, tant pour les couleurs que pour les points et les étoffes.

L'étude des points anciens, des couleurs et des motifs d'autrefois présente un vif intérêt; une fois leurs caractères distinctifs bien compris, la brodeuse les adaptera à ses propres créations, afin de rendre son travail personnel.

Motifs, couleurs, qualité des matériaux et méthode de travail, voilà quatre éléments nécessaires à la confection d'un bel ouvrage. Toutes ces conditions doivent être en harmonie et chacune d'elles doit être considérée par égard aux autres; c'est le seul moyen d'arriver à un bon résultat.

Dans l'art de la broderie, la méthode de travail comprend d'abord le choix des points. Ce choix, pour différents types de motifs, demande du soin, du jugement et du goût, et c'est un élément de la plus haute importance. Plusieurs essais sont souvent nécessaires pour le choix définitif d'un point, car de ce choix dépend tout le caractère de l'ouvrage.

La combinaison des différents points demande de la réflexion, car il en est dont la combinaison est heureuse, tandis que d'autres se nuisent et neutralisent l'effet. Il est bon de remarquer soigneusement, dans les vieilles broderies, quel est le nombre des points employés simultanément. On verra alors qu'un ou deux points sont généralement choisis pour la plus grande partie de l'ouvrage, et que les plus rares sont ajoutés soit pour renforcer le dessin, soit pour produire un contraste dans la texture par une modification de surface. Les points de remplissage donnent ce résultat, car ils varient les jeux de lumière et d'ombre. Ils doivent être considérés moins comme des points proprement dits que comme des moyens d'interrompre et de recouvrir de larges surfaces.

Comme nous l'avons déjà dit, le nombre des points combinés dans une broderie est inverse du nombre des couleurs. Dans un dessin unicolore ou bicolore, on peut broder plusieurs points, tandis que dans un dessin polychrome, le nombre des points doit être réduit à deux ou trois. Il est vrai que dans la plupart des vieilles tentures de laine anglaises, il y a une grande variété de couleurs et en même temps une grande diversité de points. Ceci, toutefois, n'est que relativement exact, car les bleus, les verts et les bruns sont si complètement et si harmonieusement fondus, que l'impression, à courte distance, est presque celle d'une seule couleur semée de points rouges et jaunes.

ECLAIRCISSEMENTS SUR LES DESSINS DES DIFFÉRENTS POINTS.

Les points, pour plus de clarté, ont été brodés sur une large échelle, et en couleurs fortement contrastées.

Chaque point figure sur une planche à part. La partie supérieure représente le point en cours de travail et quelquefois comme remplissage ; la partie inférieure représente l'envers.

Une perle marque le commencement du fil.

Le bord inférieur de chaque illustration représente le bord de l'étoffe le plus rapproché de la brodeuse, quand l'ouvrage est tenu dans une position normale. Le dessin, par conséquent, montre la direction dans laquelle le point doit être brodé : en haut, en bas, ou en travers de l'étoffe.

Les dénominations adoptées sont conformes à l'usage, et la plupart expriment les caractères distinctifs ou l'origine des points.

SUPPLEMENTARY INDEX OF SPANISH AND PORTUGUESE, MOORISH AND ALGERIAN STITCHES.

Plates of which are already illustrated in Portfolios 1 and 2.

"Old English Stitches"— Portfolio 1.

Plate No. 1. Stem Stitch

2. Outline Stitch

6. Chain Stitch

8. Link Spot

9. Coral Stitch

10. Buttonhole Stitch

11. Herring-bone Stitch.

12. Fish Bone Stitch

24. Long and Short Shading.

27. Brick Stitch Filling

28. Satin Stitch

"Eastern Stitches"— Portfolio 2.

Plate No. 36. Running and Double Running

45. Weaving Border

54. Filling in Squares.

55. Laid "Italian" Stitch

64. Algerian Tent Stitch

65. Geometrical Satin Stitch.

DRAPERIE POUR CIEL DE LIT.

FOND TOILE ET COTON, BRODÉS AVEC DE LA LAINE FILÉE DE COULEUR. TRAVAIL ANGLAIS.

XVIIÈME SIÈCLE. MUSÉE VICTORIA ET ALBERT, NO. T38, 1909.

CURTAIN FOR A SET OF BEDHANGINGS, LINEN, AND COTTON GROUND, EMBROIDERED WITH COLOURED WORSTEDS, ENGLISH, LATE 17TH CENTURY. IN THE VICTORIA AND ALBERT MUSEUM. NO. T38, 1909.

POINT DE TIGE OU POINT DE TAPISSERIE.

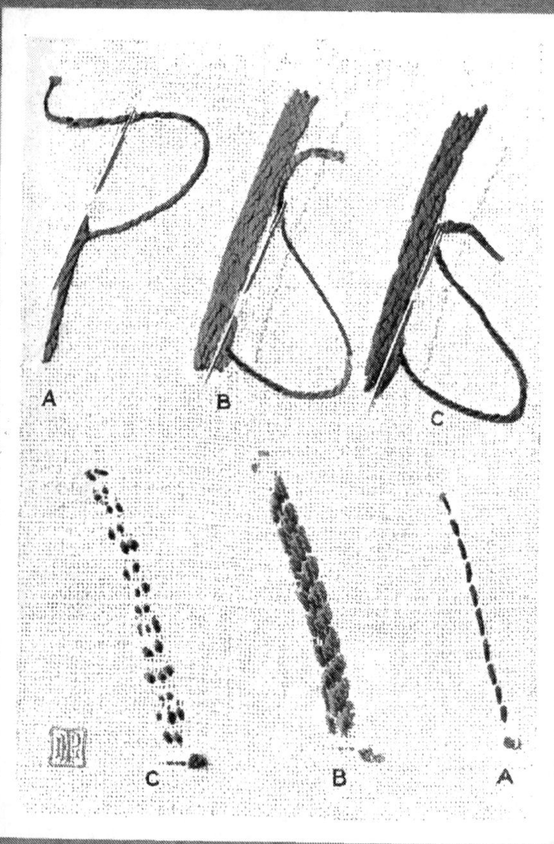

LA SOIE DOIT ETRE TENUE A DROITE DE L'AIGUILLE.

A.—CONTOUR.

B.—REMPLISSAGE SERRÉ.

C.—POINT DE REMPLISSAGE MOINS SERRÉ, AVEC MOINS DE SOIE A L'ENVERS.

CE POINT EST EN USAGE DANS LA PLUPART DES PAYS.

THE SILK IS KEPT ON THE RIGHT OF THE NEEDLE.

A.—AN OUTLINE.

B.—A CLOSE FILLING.

C.—A MORE OPEN FILLING STITCH, WITH LESS SILK ON THE WRONG SIDE.

THIS STITCH IS FOUND IN THE WORK OF MOST COUNTRIES.

POINT DE CONTOUR.

2

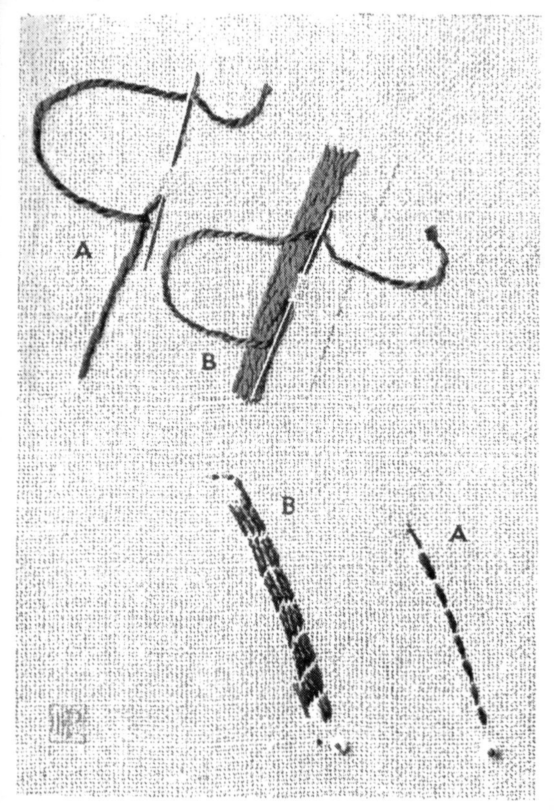

CONTRAIRE DU NO. 1, CAR LA SOIE EST TENUE A GAUCHE DE L'AIGUILLE, CE QUI PRODUIT UNE LIGNE PLUS DROITE QU'AVEC LE NO. 1.

A.—CONTOUR.

B.—MONTRANT LE NO. 1 ET LE NO. 2 EMPLOYÉS ALTERNATIVEMENT POUR LE REMPLISSAGE.

EN USAGE DANS LES BRODERIES DE PLUSIEURS NATIONS.

THE REVERSE OF NO. 1, AS THE SILK IS KEPT ON THE LEFT OF THE NEEDLE. IT PRODUCES A MUCH STRAIGHTER LINE THAN NO. 1.

A.—AN OUTLINE.

B.—SHOWS NO. 1 AND NO. 2 USED IN ALTERNATE LINES TO GIVE A FILLING.

THIS STITCH OCCURS IN THE EMBROIDERIES OF MANY NATIONS.

POINT D'EPINES.

3

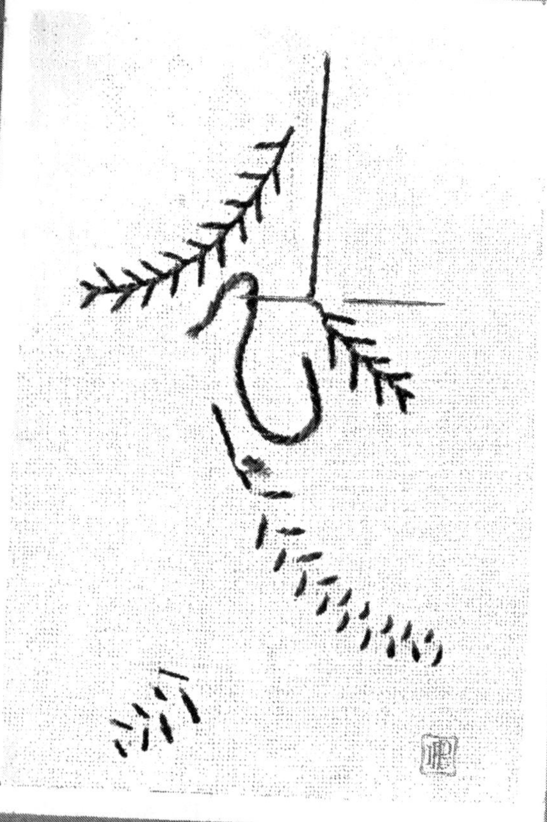

ON POSE SUR L'ETOFFE UN LONG FIL RETENU PAR DES POINTS ALTERNANT DES DEUX CÔTÉS DE LA TIGE.

A LONG THREAD IS LAID ON THE SURFACE OF THE MATERIAL AND THEN HELD IN PLACE BY STITCHES FROM ALTERNATE SIDES.

REMPLISSAGE AU POINT D'HERMINE.

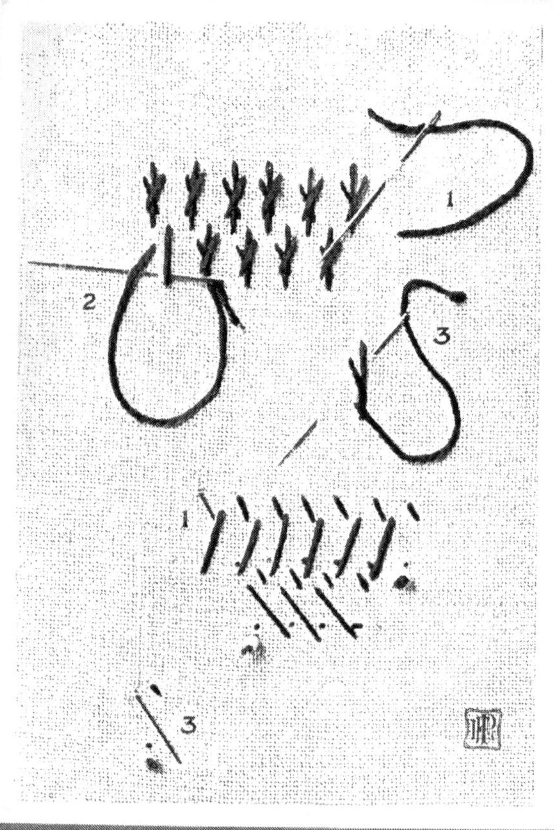

POSER DES RANGÉES DE POINTS D'HERMINE, DE GAUCHE A DROITE ET DE DROITE A GAUCHE, ALTERNATIVEMENT.

ON EMPLOIE CE POINT A L'INTÉRIEUR DES LARGES FEUILLES.

1-2-3 MONTRENT LES TROIS POSITIONS DE L'AIGUILLE.

THIS IS WORKED IN ROWS, FROM LEFT TO RIGHT AND RIGHT TO LEFT ALTERNATELY. IT IS USED INSIDE LARGE LEAVES.

1, 2, 3 SHOW THE THREE POSITIONS OF THE NEEDLE.

BORDURE AU POINT D'EPÉE.

5

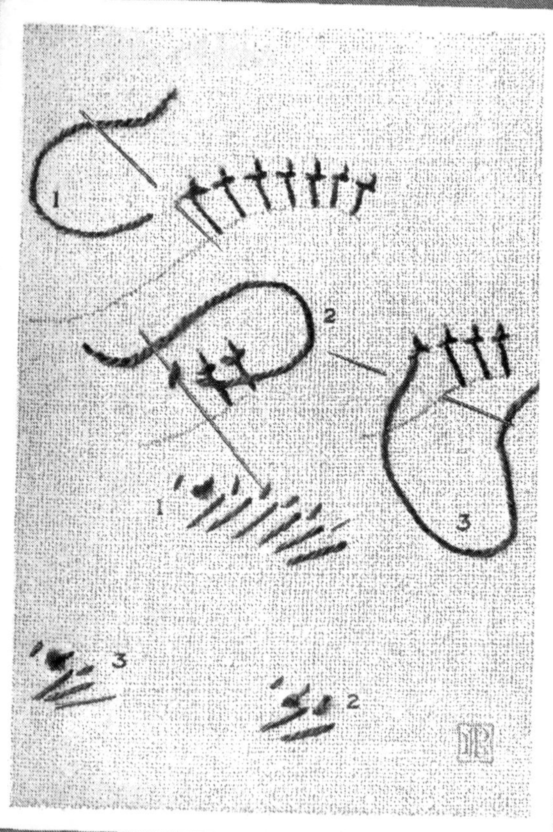

EMPLOYÉ POUR LES BORDS DES LARGES FEUILLES AFIN D'EN ADOUCIR LE CONTOUR.

1-2-3 MONTRENT LES TROIS POSITIONS DE L'AIGUILLE.

IT IS USED FOR THE EDGES OF LARGE LEAVES TO SOFTEN THE OUTLINE.

1, 2, 3 SHOW THE THREE POSITIONS OF THE NEEDLE.

POINT DE CHAINETTE.

6

A.—CONTOUR.

B.—EMPLOYÉ COMME REMPLISSAGE QUAND LES DIFFÉRENTES COULEURS SUIVENT LE CONTOUR DU DESSIN L'UNE DANS L'AUTRE.

LE MÊME EFFET EST PRODUIT AVEC UN CROCHET SUR UN TAMBOUR.

TRÈS EMPLOYÉ DANS LES OUVRAGES DE TOUT L'ORIENT.

A.—AN OUTLINE.

B.—A FILLING.—WHERE THE DIFFERENT COLOURS FOLLOW THE OUTLINE OF THE DRAWING ONE WITHIN THE OTHER.

THE SAME EFFECT IS PRODUCED BY WORKING, WITH A HOOK, ON A TAMBOUR FRAME.

MUCH USED IN NEAR EASTERN AND FAR EASTERN WORK.

7

CHAINE RENVERSÉE OU LARGE CHAINE.

CE POINT DIFFÈRE DU NO. 6 EN CE QUE L'AIGUILLE PASSE SOUS LE FIL DE LA DERNIÈRE BOUCLE ET NON A TRAVERS L'ÉTOFFE POUR COMMENCER LA NOUVELLE BOUCLE.

LE RÉSULTAT EST PRESQUE IDENTIQUE, EXCEPTÉ AVEC UNE SOIE EPAISSE OU TORDUE. ON VOIT EN EFFET QUE LES POINTS SONT PLUS SERRÉS A L'ENVERS DANS CETTE CHAINE ORDINAIRE, COMME S'ILS AVAIENT ETÉ PRESSÉS.

1 ET 2 MONTRENT LES POSITIONS DE L'AIGUILLE.

EMPLOYÉ A BOUKKARA ET DANS LES

THIS STITCH DIFFERS FROM NO. 6, IN THAT THE NEEDLE PASSES UNDER THE THREAD OF THE LAST LOOP AND NOT THROUGH THE MATERIAL TO BEGIN THE NEW LOOP.

THE RESULT IS ALMOST IDENTICAL, EXCEPT WITH A THICK OR TWISTED SILK, WHEN THE STITCHES ON THE LEFT HAND SIDE SHOW A TIGHTER TWIST THAN IN ORDINARY CHAIN, ALMOST AS IF THEY HAD BEEN WHIPPED ON THE TOP.

1 AND 2 SHOW THE TWO POSITIONS OF THE NEEDLE.

SEMIS D'ANNEAUX.

8

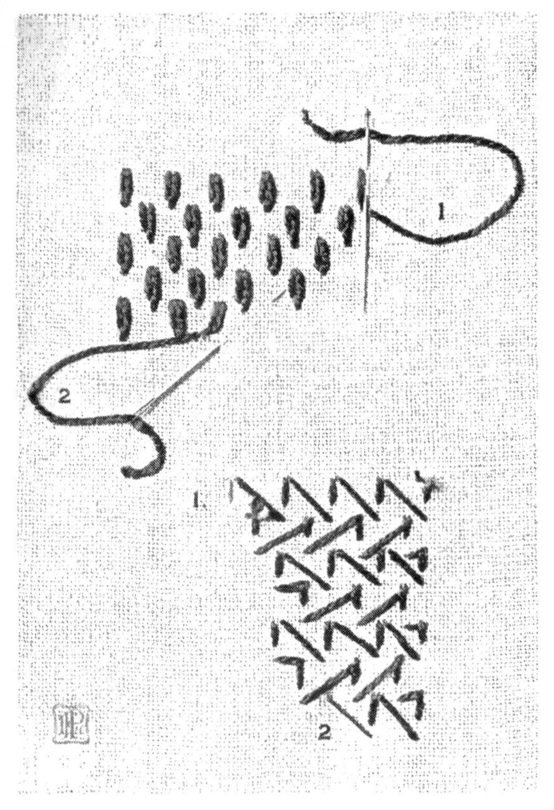

BRODÉ D'APRÈS LE MÊME PRINCIPE QUE LE POINT DE CHAINETTE NO. 6, MAIS, AU LIEU D'ÊTRE UNE LIGNE CONTINUE, CHAQUE ANNEAU EST COMPLÉTÉ SÉPARÉMENT.

EMPLOYÉ COMME REMPLISSAGE POUR LES LARGES FEUILLES.

1 ET 2 MONTRENT LES DEUX POSITIONS DE L'AIGUILLE.

ON EMPLOIE QUELQUEFOIS LES ANNEAUX SÉPARÉS SUR LES TIGES POUR IMITER LES EPIS DE BLÉ.

THIS IS WORKED ON THE SAME PRINCIPLE AS CHAIN STITCH NO. 6, BUT INSTEAD OF BEING A CONTINUOUS LINE, EACH LINK IS COMPLETED SEPARATELY.

IT IS USED AS A FILLING FOR LARGE LEAVES.

1, 2 SHOW TWO POSITIONS OF THE NEEDLE.

SOMETIMES THE SEPARATE LINKS ARE USED ON A STEM TO GIVE THE EFFECT OF WHEAT EARS.

POINT DE CORAIL.

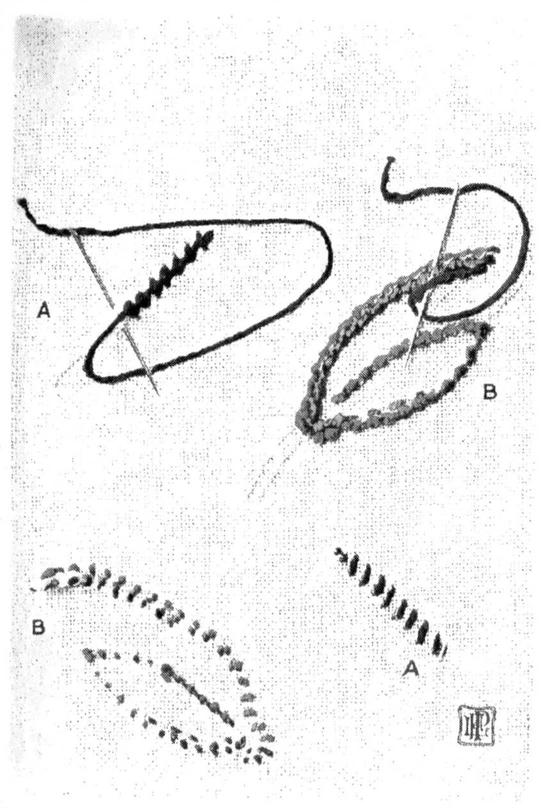

LE POINT TERMINÉ, LE NŒUD DOIT ÊTRE MIS BIEN EN PLACE; AVEC LA PRATIQUE, CE MOUVEMENT DEVIENT MACHINAL.

AFTER EACH STITCH IS FINISHED, THE KNOT MUST BE ADJUSTED INTO PLACE, BUT WITH PRACTICE THIS BECOMES MECHANICAL.

A.—AN OUTLINE.

B.—A FILLING, ONE ROW WITHIN ANOTHER.

10

POINT DE BOUTONNIÈRE OU POINT DE COUVERTURE.

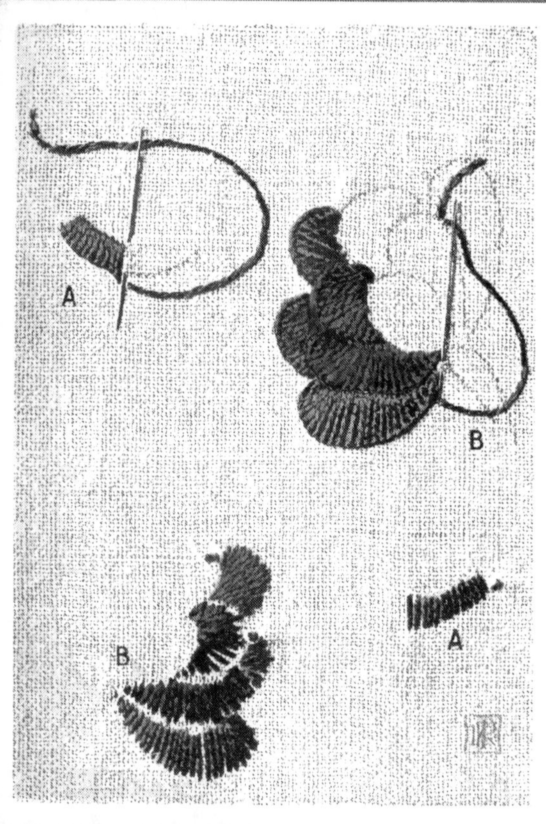

A.—POUR UNE LARGE LIGNE OU UN BORD, DANS SA FORME LA PLUS SIMPLE.

B.—EMPLOYÉ COMME REMPLISSAGE, EN SUIVANT LES PÉTALES D'UNE FLEUR.

EN USAGE DANS LES PAYS ORIENTAUX VOISINS DE NOS CONTRÉES, OÙ IL CONSTITUE UN DES PRINCIPAUX POINTS DE LA DENTELLE À L'AIGUILLE.

A.—AS A WIDE LINE OR EDGING, IN ITS SIMPLEST FORM.

B.—USED AS A FILLING, FOLLOWING THE PETALS OF A FLOWER.

ALSO FOUND IN NEAR EASTERN EMBROIDERY, AND IS ONE OF THE MAIN STITCHES IN NEEDLEPOINT LACE.

POINT CROISÉ FERMÉ.

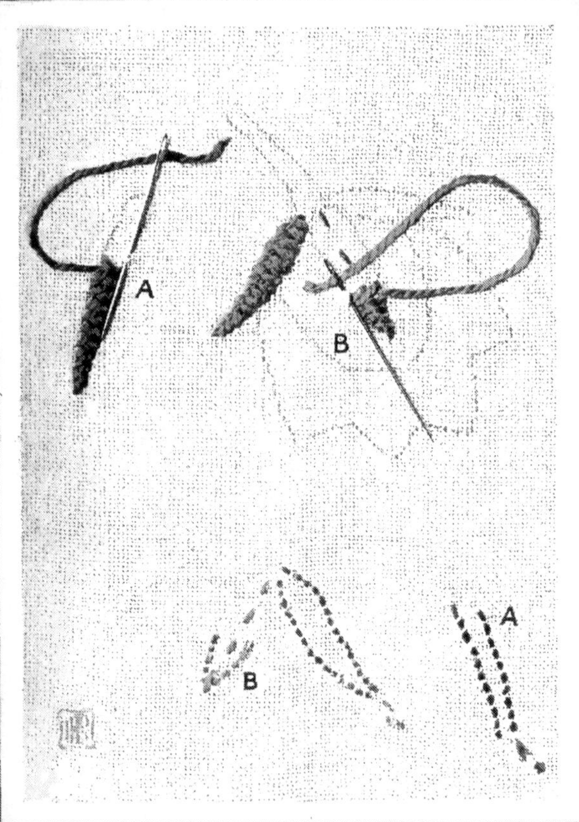

A.—EMPLOYÉ POUR LES TIGES.

B.—EMPLOYÉ POUR DE PLUS LARGES ESPACES, TELS QUE PÉTALES OU FEUILLES.

TRÈS EMPLOYÉ DANS LES BRODERIES ORIENTALES.

A.—USED AS A STEM.

B.—USED FOR LARGER SPACES, SUCH AS PETALS OR LEAVES.

MUCH USED IN EASTERN EMBROIDERY.

POINT PLAT OU POINT D'ARÊTE

CE POINT RESSEMBLE A DEUX RANGS DE POINT PLAT BRODÉ SUR DEUX INCLINAISONS OPPOSÉES, AVEC CETTE DIFFÉRENCE QUE LA FEUILLE SE FAIT EN UNE SEULE FOIS EN SAUTANT D'UN CÔTÉ A L'AUTRE. DE CETTE MANIÈRE, L'INCLINAISON EST PLUS ÉGALE.

EN USAGE DANS LES BRODERIES DES CONTRÉES ORIENTALES VOISINES DES NÔTRES.

THIS STITCH GIVES AN EFFECT SIMILAR TO TWO ROWS OF SATIN STITCH WORKED ON OPPOSING SLOPES, EXCEPT THAT IT IS SLIGHTLY OVERLAPPED IN THE CENTRE. WITH IT THE SLOPE ON THE TWO SIDES CORRESPOND MORE EASILY.

1 AND 2 SHOW THE TWO POSITIONS OF THE NEEDLE.

FOUND ALSO IN PERSIAN AND NEAR EASTERN EMBROIDERIES.

POINT ORIENTAL OU ROUMAIN.

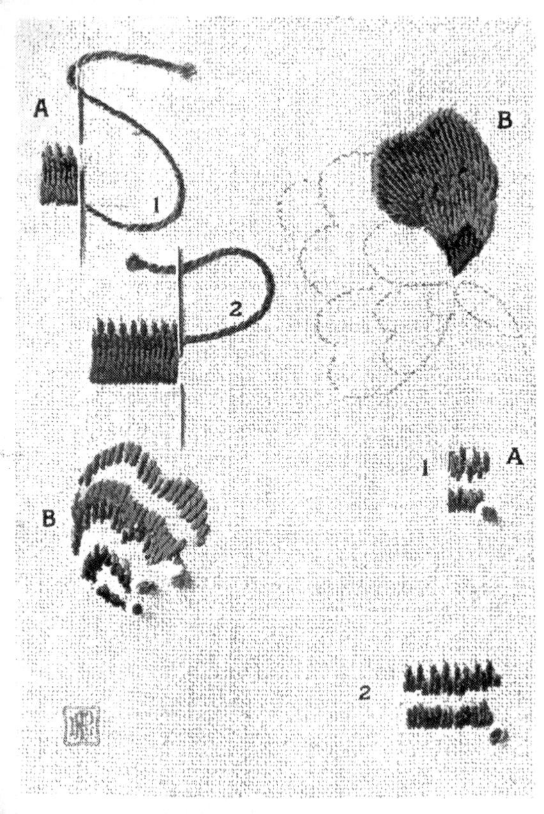

CETTE DÉSIGNATION EST INEXACTE CAR CE POINT N'EST NI LE SEUL NI MÊME LE PLUS FRÉQUEMMENT RENCONTRÉ DANS LES OUVRAGES DE L'ORIENT; NÉANMOINS, ELLE EST SI GÉNÉRALEMENT ACCEPTÉE, QUE TOUTE AUTRE PRÊTERAIT A CONFUSION.

A.—1 ET 2 MONTRENT LA POSITION DE L'AIGUILLE. LE BORD DÉCOUPÉ EST A L'INTÉRIEUR DES FEUILLES.

B.—EN EMPLOYANT TROIS RANGS POUR LE REMPLISSAGE, LES BORDS SONT MAINTENUS RÉGULIERS.

EN USAGE DANS LES OUVRAGES ORIENTAUX.

THE NAME IS UNSATISFACTORY, AS IT IS NEITHER THE MOST COMMON NOR THE ONLY STITCH FOUND IN WORK FROM THE ORIENT, NEVERTHELESS, IT IS SO GENERALLY ACCEPTED THAT TO RENAME IT WOULD LEAD TO CONFUSION.

A.—1 AND 2 SHOW TWO POSITIONS OF THE NEEDLE. THE BROKEN EDGE IS USED INSIDE LEAVES.

B.—THREE ROWS USED AS A FILLING, AND EVEN EDGES ARE KEPT.

USED IN EASTERN WORK.

POINT DE REMPLISSAGE ORIENTAL.

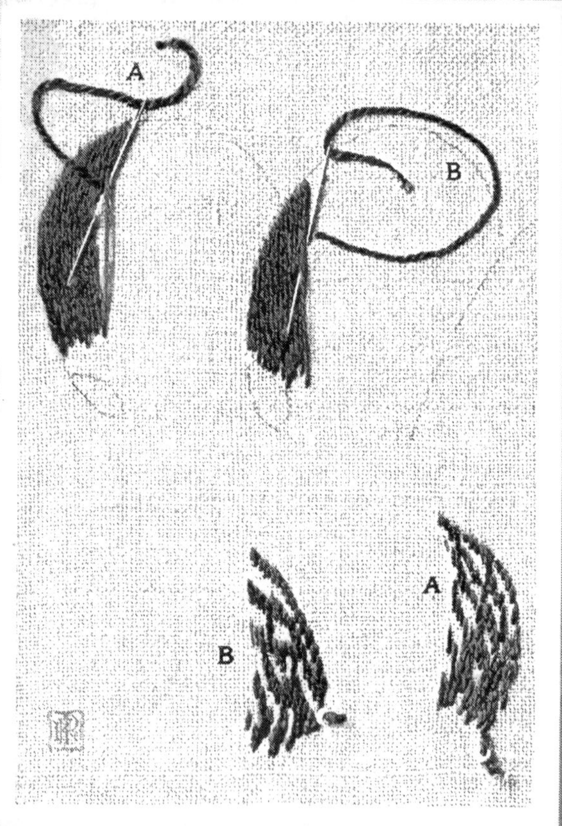

CONDUIRE UN LONG POINT ET LE MAINTENIR EN PLACE PAR DE PETITS POINTS.

NOTER LA POSITION DE BIAIS DE L'AIGUILLE DE DROITE A GAUCHE EN FAISANT LE PETIT POINT.

A.—MONTRE LE REMPLISSAGE TRAVAILLÉ POUR SUIVRE LA LIGNE DU DESSIN.

B.—MONTRE LE REMPLISSAGE TRAVAILLÉ POUR SUIVRE LE SENS DE LA TOILE.
EN USAGE DANS LES OUVRAGES DE L'ORIENT.

A LONG STITCH IS LAID AND SMALL STITCHES THEN COUCH IT INTO PLACE.

NOTE THE SLOPE OF THE NEEDLE FROM RIGHT TO LEFT IN MAKING THE SMALL STITCH.

A.—SHOWS THE FILLING WORKED TO FOLLOW THE LINE OF THE DRAWING.

B.—SHOWS THE FILLING WORKED TO FOLLOW THE LINE OF THE LINEN GROUND.
USED IN EASTERN WORK.

REMPLISSAGE AU POINT DE DIAMANT ORIENTAL.

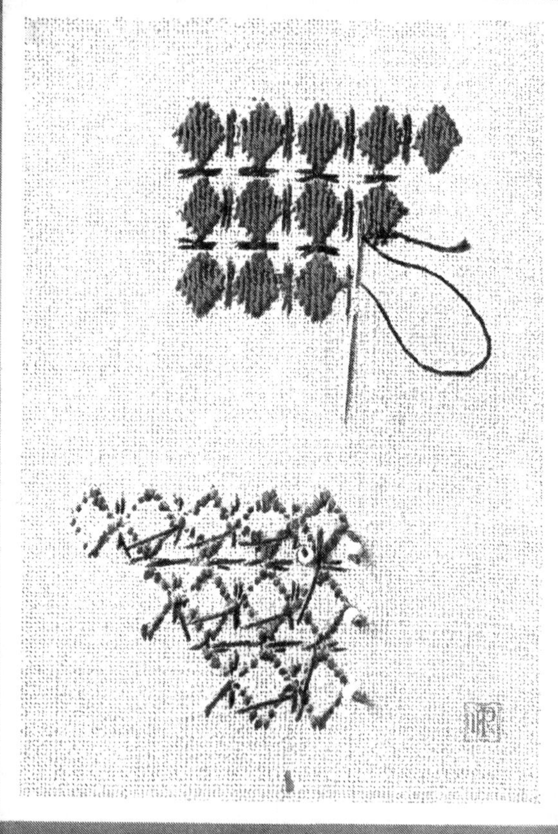

ON EMPLOIE LE POINT ORIENTAL POSÉ EN LOSANGES POUR FORMER LES DIAMANTS.

PLACER ENSUITE ENTRE CEUX-CI DEUX LONGS POINTS ORIENTAUX DE COULEUR DIFFÉRENTE.

ORIENTAL STITCHES OF INCREASING AND DECREASING LENGTH ARE EMPLOYED TO FORM DIAMONDS. TWO LONG ORIENTAL STITCHES IN A CONTRASTING COLOUR ARE THEN PLACED BETWEEN THE DIAMONDS.

REMPLISSAGE ARRÊTÉ.

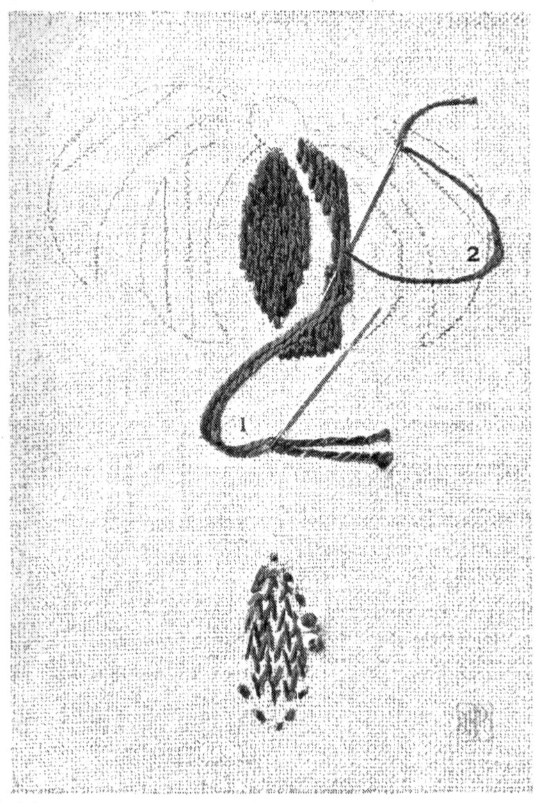

TENDRE UN FIL ; L'ARRETER PAR DE PETITS POINTS AVEC UNE SOIE PLUS FINE. TENDRE UN AUTRE FIL ; L'ARRETER, ET AINSI DE SUITE.

L'EMPLOI SIMULTANÉ DES DEUX AIGUILLES REND CE POINT DIFFICILE A TRAVAILLER A LA MAIN.

ON SE SERT DE DEUX FILS POUR MIEUX REMPLIR.

LA BRODERIE AU FIL D'OR EST TRAVAILLÉE D'APRÈS CETTE MÉTHODE.

A THREAD IS LAID AND THEN HELD IN PLACE BY SMALL STITCHES, OFTEN OF A FINER SILK. ANOTHER THREAD IS LAID AND FIXED IN PLACE AND SO ON. THE USE OF TWO NEEDLES MAKES THIS STITCH DIFFICULT TO WORK IN THE HAND. TWO THREADS ARE USED IN ONE NEEDLE IN ORDER TO FILL UP BETTER.

USED IN ITALIAN AND SPANISH WORK AND ALSO IN EASTERN WORK.

GOLD THREAD IS WORKED AFTER THIS METHOD.

POINT LANCE AVEC TREILLIS ET CROIX D'ARRÊT.

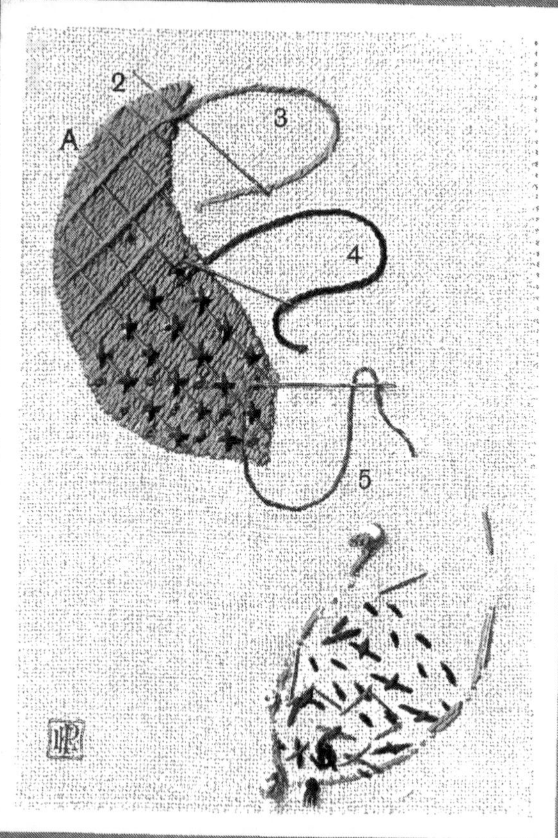

1.—FOND.
2.—FIL JETÉ EN TRAVERS (A).
3.—FILS JETÉS DANS LA MÊME DIRECTION QUE LE FOND.
4.—POINTS D'ARRÊT EN CROIX.
5.—POINTS DE SABLE.

REMARQUER QUE LES FILS SONT JETÉS EN TRAVERS DE LA SOIE DU FOND AVANT D'ETRE JETÉS DANS LA MÊME DIRECTION QUE CELUI-CI, CELA AFIN D'EVITER QU'ILS NE S'ENFONCENT OU NE SE PERDENT.

ORDER OF WORK:—

1ST.—THE GROUND THREADS.
2ND.—THE THREADS LAID ACROSS (A).
3RD.—THE THREADS LAID IN THE SAME DIRECTION AS THE GROUND.
4TH.—THE COUCHING CROSSES.
5TH.—THE FRENCH DOTS.

NOTE THAT THE THREADS (A) ARE LAID ACROSS THE GROUND SILK, BEFORE BEING LAID (3) IN THE SAME DIRECTION TO PREVENT THEIR SINKING IN AND BEING LOST.

Remplissage au Point Lancé arrêté par un Point d'Écailles.

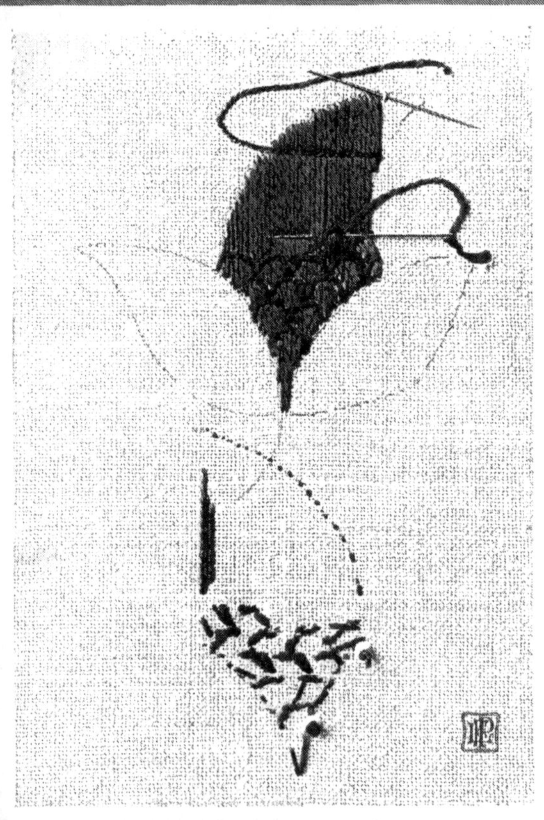

LES POINTS DU REMPLISSAGE SONT EXÉCUTÉS LES PREMIERS.

POUR LE POINT D'ARRÊT, ON FAIT AVEC UNE SOIE PLUS CLAIRE UN POINT PLUS GRAND QU'IL NE SEMBLE NÉCESSAIRE. ON RETIENT CE POINT EN DEMI-CERCLE PAR TROIS OU QUATRE POINTS D'ARRÊT.

LA GRANDEUR DU DEMI-CERCLE PEUT ETRE MESURÉE AUTOUR DE L'EXTRÉMITÉ DU DOIGT.

EN USAGE DANS LES OUVRAGES PERSANS.

THE LAID STITCHES ARE WORKED FIRST. FOR THE COUCHING A LONGER STITCH THAN SEEMS NECESSARY IS MADE IN THE LIGHT SILK AND THEN HELD DOWN IN A SEMI-CIRCLE BY THREE OR FOUR SMALL COUCHING STITCHES, THE AMOUNT OF SLACKNESS CAN BE MEASURED ROUND THE TIP OF A FINGER.

THIS IS FOUND IN PERSIAN WORK.

TREILLIS RETENU PAR DES POINTS DE CROIX.

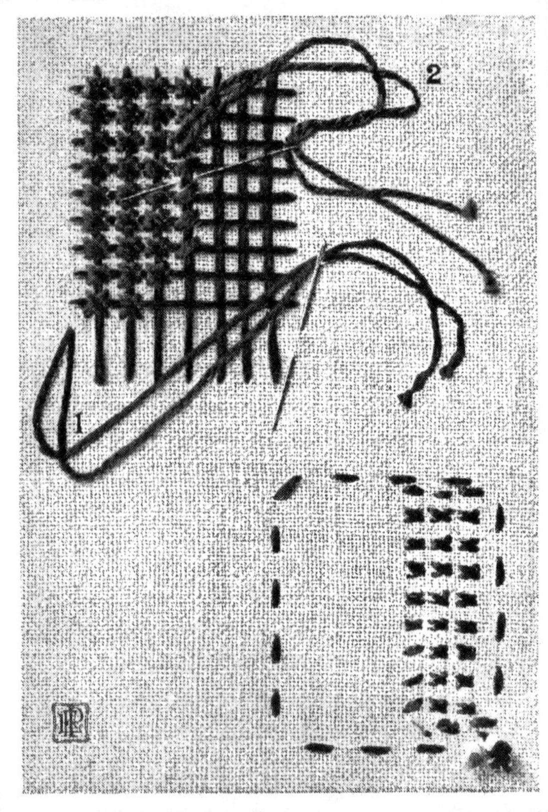

SI LE PREMIER RANG DE PETITS POINTS QUI FORMENT LES CROIX EST FAIT A L'ALLER DANS UNE DIRECTION, ET AU RETOUR DANS LA DIRECTION CONTRAIRE, TOUTES LES CROIX SERONT TRAVAILLÉES DE LA MÊME MANIÈRE, ET L'EFFET SERA PLUS JOLI.

1 ET 2 MONTRENT LE TRAVAIL DES DEUX COULEURS.

IF THE FIRST ROW OF SMALL STITCHES, WHICH FORM THE CROSSES, ARE MADE IN ONE DIRECTION AND IN THE REVERSE DIRECTION ON THE RETURN JOURNEY, ALL THE CROSSES WILL BE WORKED IN THE SAME WAY AND GIVE A BETTER EFFECT.

1 AND 2 SHOW WORKING OF THE TWO COLOURS.

TREILLIS DIAGONAL AVEC POINTS DE SABLE.

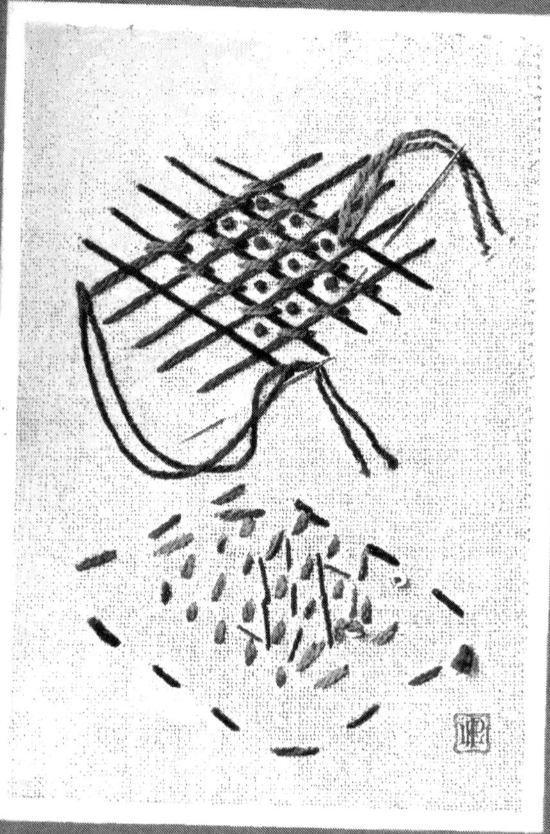

1.—EXÉCUTION DU TREILLIS.

2.—EXÉCUTION DES POINTS D'ARRÊT.

3.—POINTS DE SABLE.

ON SE SERT DE DEUX FILS AU LIEU D'UN POUR DONNER PLUS DE JEUX DE LUMIÈRE ET D'OMBRE, LES FILS AYANT TOUJOURS LA TENDANCE A SE TORDRE, ET DEUX FILS DONNANT PLUS DE RELIEF QU'UN SEUL.

1.—WORK THE TRELLIS.

2.—THEN WORK THE COUCHING STITCHES.

3.—THE FRENCH KNOTS.

TWO THREADS ARE USED IN THE NEEDLE INSTEAD OF ONE, TO GIVE MORE PLAY OF LIGHT AND SHADE, AS TWO HAVE MORE RELIEF, PARTLY BECAUSE THEY GET SOMEWHAT TWISTED IN THE WORKING.

FRAME WORK.

Remplissage au Point Plat arrêté par un Point Oriental imitant les Nervures.

LA SOIE SERVANT AU REMPLISSAGE DOIT COURIR D'UN BOUT DE LA FEUILLE A L'AUTRE DANS LA MÊME DIRECTION QUE LE GRAIN DE LA TOILE.

DE LONGUES LIGNES AU POINT ORIENTAL (NO. 14) SONT ENSUITE TRACÉES EN SUIVANT LE DESSIN POUR TENIR LE REMPLISSAGE EN PLACE.

A TRAVAILLER SUR LE MÉTIER.

ON TROUVE LE MÊME REMPLISSAGE DANS LES OUVRAGES PERSANS ET DANS LES BRODERIES ITALIENNES ET ESPAGNOLES.

THE FILLING SILK IS LAID FLATLY OVER THE WHOLE SURFACE IN THE SAME DIRECTION AS THE GRAIN OF THE MATERIAL, AND THEN LONG LINES OF LAID ORIENTAL (NO. 14) ARE LAID SINGLY, FOLLOWING THE DRAWING TO KEEP THE FILLING IN PLACE.

FRAME WORK.

THE SAME FILLING IS FOUND IN PERSIAN WORK, ALSO IN ITALIAN AND SPANISH EMBROIDERIES.

TREILLIS RETENU PAR DES POINTS D'ETOILES.

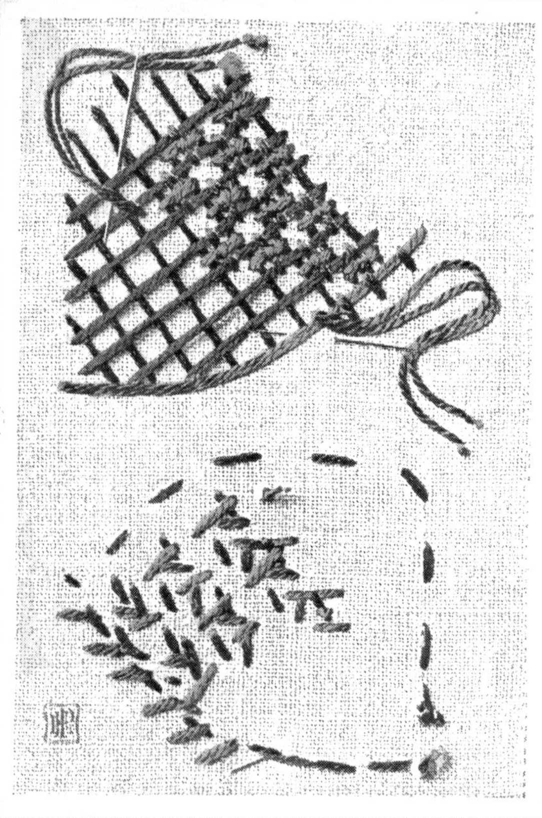

LE PREMIER POINT DE CHAQUE ETOILE DOIT TOUJOURS COURIR DANS LA MÊME DIRECTION QUE LES POINTS POSÉS PREMIÈREMENT POUR LE TREILLIS.

THE FIRST STITCH OF EACH STAR MUST ALWAYS RUN IN THE SAME DIRECTION AS THOSE LAID FIRST FOR THE TRELLIS.

FRAME WORK.

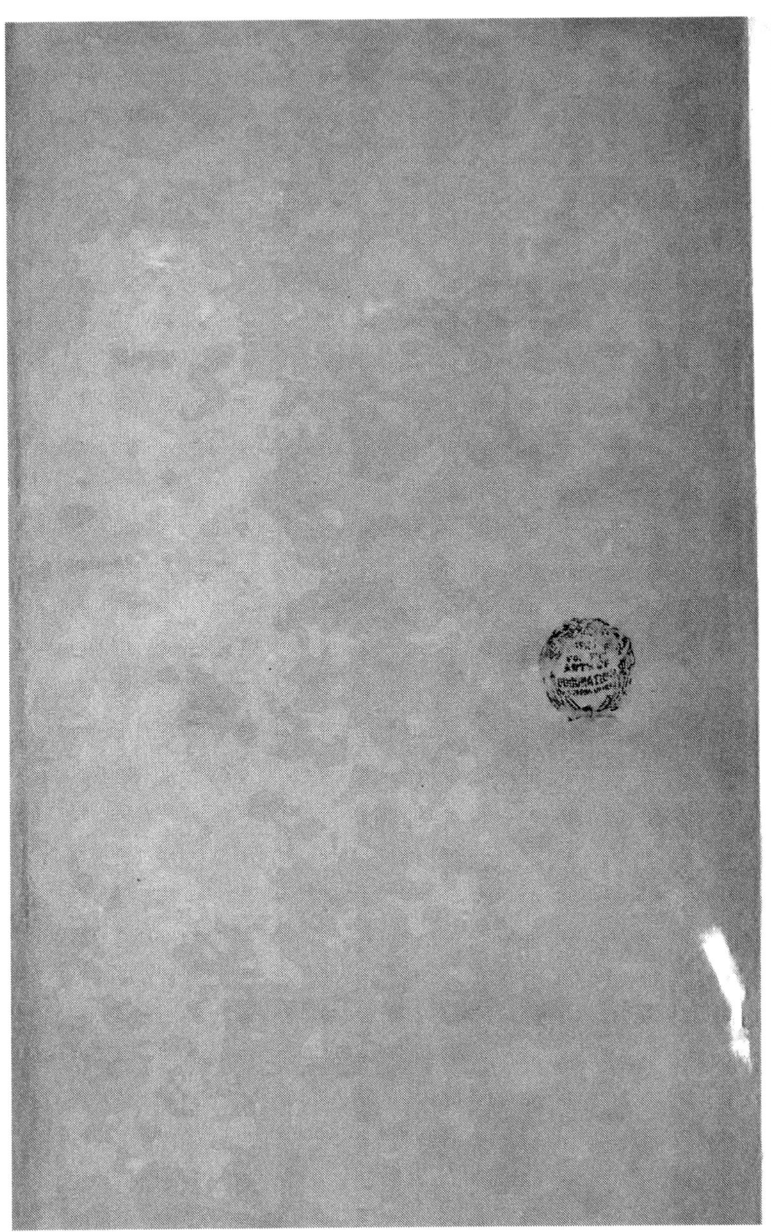

POINT DE CRÉNEAUX ARRÊTÉ

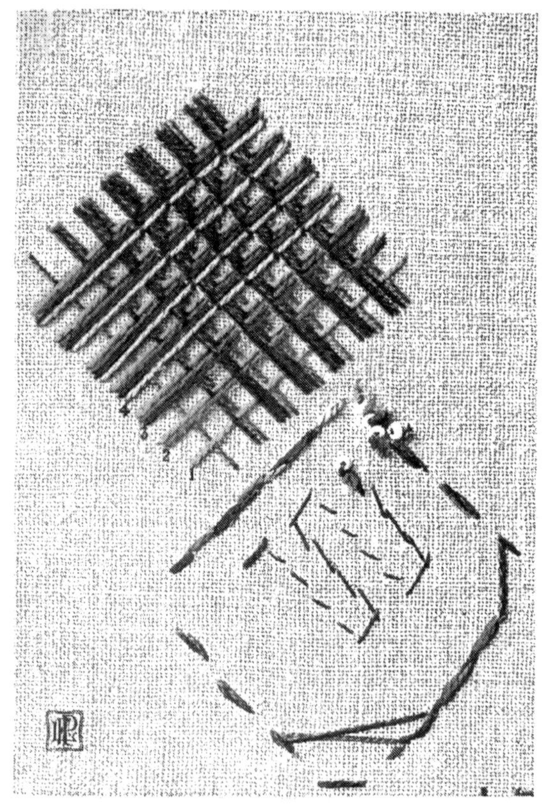

LE FIL COULEUR BISCUIT EST D'ABORD TENDU EN PLUSIEURS LIGNES DANS UNE DIRECTION, PUIS EN TRAVERS POUR FORMER LE TREILLIS.

DE MÊME POUR CHACUNE DES COULEURS. 1 (BISCUIT), 2 (VERT), 3 (BLEU), 4 (BLANC). QUAND LES 4 COULEURS SONT POSÉES, LA DERNIÈRE EST ARRÊTÉE PAR DE PETITS POINTS ROUGES.

TRAVAILLÉ AU METIER.

THE BISCUIT COLOUR IS FIRST LAID AS A ROW OF LINES, THEN ACROSS TO FORM A TRELLIS. DITTO EACH SUCCEEDING COLOUR, BISCUIT (1), GREEN (2), BLUE (3), WHITE (4). WHEN THE FOUR COLOURS ARE LAID THE LAST IS HELD IN PLACE BY SHORT RED (5) STITCHES.

FRAME WORK.

BRODERIE AU PASSÉ NUANCÉE.

DES POINTS LONGS ET COURTS SONT ALTERNATIVEMENT BRODÉS EN SUIVANT LE CONTOUR. CHAQUE RANG EST TRAVAILLÉ DANS LE PRÉCÉDENT. LES INÉGALITÉS DE LA BRODERIE SONT MOINS VISIBLES AVEC CE POINT QU'AVEC LES NOS. 25, 26 ET 27.

LA DIRECTION DES POINTS EST IMPORTANTE.

TRAVAILLÉ A LA MAIN OU AU MÉTIER.

FORME DE NUANCÉ COMMUNE A TOUTES LES CONTRÉES EUROPÉENNES QUI EMPLOIENT LE NUANCÉ. ON LA TROUVE AUSSI EN PERSE ET DANS LES BRODERIES ORIENTALES.

LONG AND SHORT STITCHES ALTERNATELY ARE WORKED TO FOLLOW THE OUTLINE. EACH ROW IS WORKED INTO THE LAST ONE. THE INEQUALITIES OF WORKMANSHIP ARE LESS OBVIOUS IN THIS TYPE OF SHADING THAN THEY ARE IN NOS. 25, 26 AND 27.

THE DIRECTION OF STITCH IS IMPORTANT.

HANDWORK OR FRAME WORK.

A FORM OF SHADING GENERAL TO ALL EUROPEAN COUNTRIES, WHICH USE SHADING. IT IS ALSO FOUND IN PERSIAN AND FAR EASTERN EMBROIDERIES.

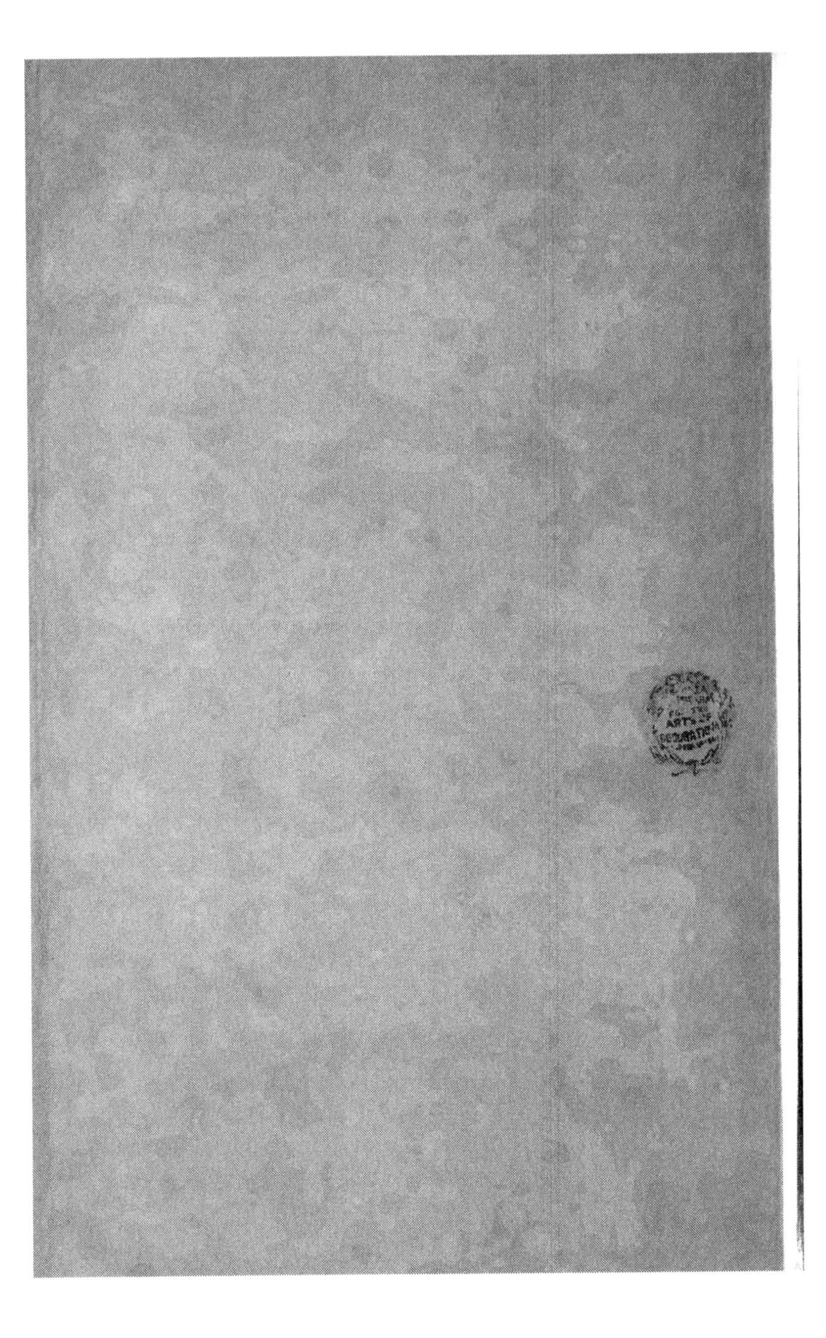

25

POINT PLAT NUANCÉ.

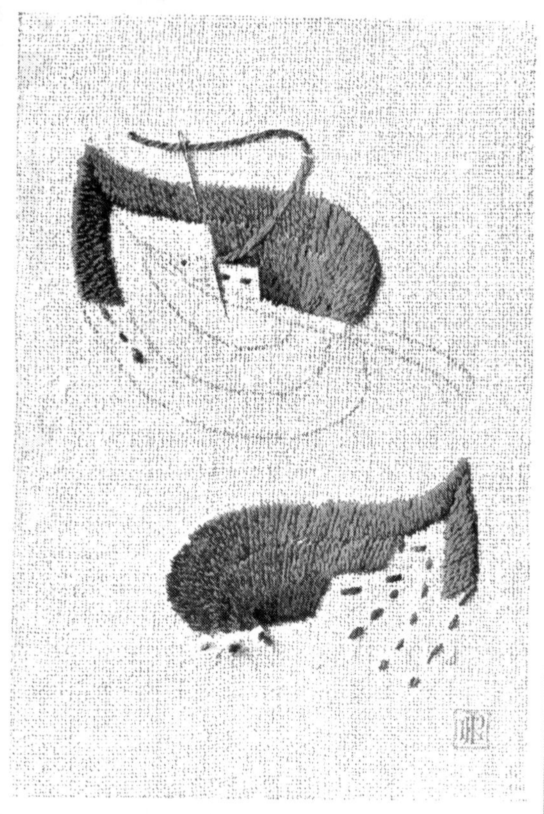

LE PASSAGE D'UNE NUANCE A L'AUTRE EST FORTEMENT MARQUÉ, CAR LE BORD DE CHAQUE BLOC EST MAINTENU ÉGAL ET EMPIÈTE RAREMENT SUR LE BLOC SUIVANT, COMME C'EST LE CAS DANS LE NO. 24.

BRODÉ A LA MAIN OU AU MÉTIER.

CE GENRE DE NUANCÉ EST EMPLOYÉ PAR BEAUCOUP DE NATIONS : CHINE, PERSE, ITALIE, ESPAGNE ET AUTRES.

THE CHANGE FROM ONE SHADE TO THE NEXT IS STRONGLY MARKED, AS THE EDGE OF EACH BLOCK IS KEPT EVEN AND RARELY ENCROACHES ON THE PREVIOUS BLOCK, AS IS THE CASE IN NO. 24.

HAND OR FRAME WORK.

THIS METHOD OF SHADING IS USED BY MANY NATIONS, CHINA, PERSIA, ITALY AND SPAIN AMONGST OTHERS.

POINT NUANCÉ de HAUT en BAS.

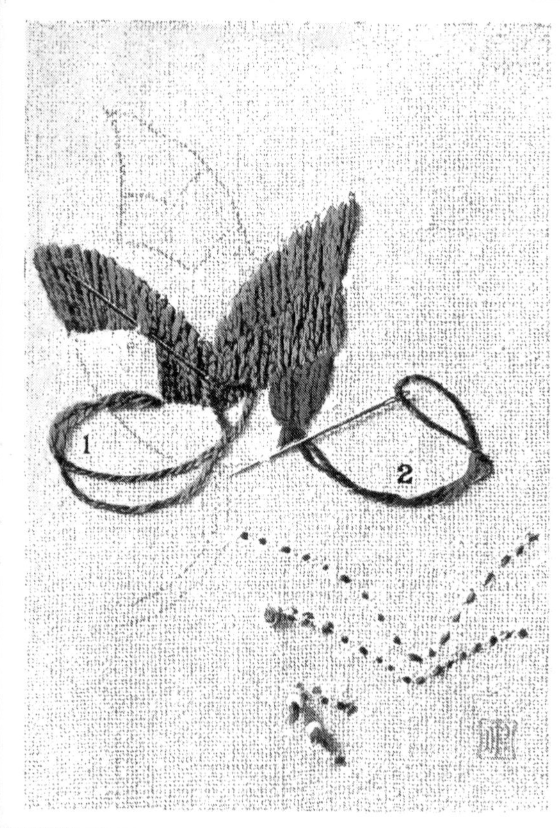

CE POINT EST GÉNÉRALEMENT TRAVAILLÉ AVEC DEUX FILS DE LAINE POUR MIEUX REMPLIR. LA LAINE DOIT A PEINE SE VOIR A L'ENVERS, GRACE A LA MANIÈRE DE TRAVAILLER TOUR A TOUR LES POINTS DE HAUT EN BAS. LA SURFACE EST MOINS LISSE QUE LE NO. 24 ET UN ASPECT AGRÉABLE RÉSULTE DES OMBRES ENTRE LES FILS.

1 ET 2.—POSITIONS DE L'AIGUILLE.

TRAVAILLÉ A LA MAIN OU AU MÉTIER.

THIS STITCH IS USUALLY WORKED WITH DOUBLE WOOL, SO AS TO FILL IN BETTER. THERE IS HARDLY ANY WOOL ON THE REVERSE SIDE, OWING TO THE METHOD OF WORKING THE STITCHES UPWARDS AND DOWNWARDS IN TURN. THE SURFACE IS LESS SMOOTH THAN NO. 24, AND A CERTAIN PLEASING QUALITY IS PRODUCED BY THE SHADOWS BETWEEN THE STRANDS.

1 AND 2, POSITIONS OF THE NEEDLE.

HAND OR FRAME WORK.

POINT de REMPLISSAGE, dit POINT de BRIQUE.

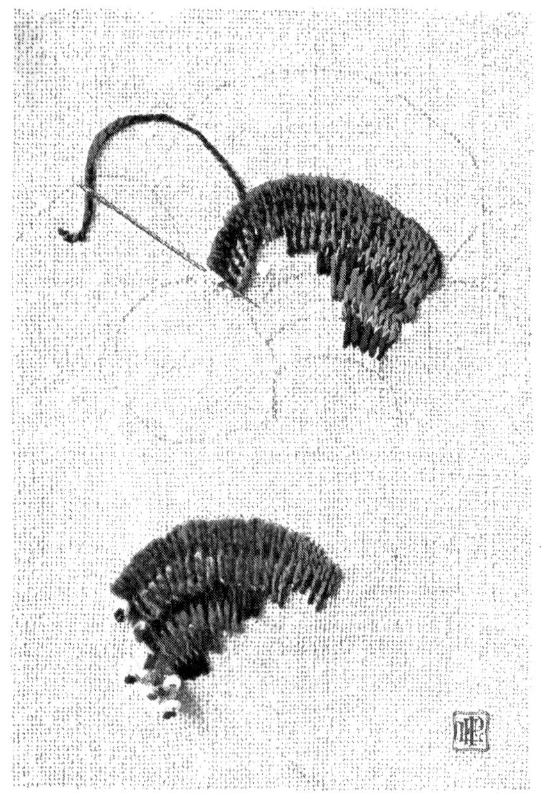

LE PREMIER RANG EST TRAVAILLÉ A LA BRODERIE AU PASSÉ NUANCÉE NO. 24.

DANS CHAQUE RANG SUCCESSIF, DES POINTS D'EGALE LONGUEUR SONT TRAVAILLÉS ENTRE LES ESPACES, DONNANT AINSI L'APPARENCE DE RANGÉES DE BRIQUES.

TRAVAILLÉ AU MÉTIER OU A LA MAIN.

THE FIRST ROW IS WORKED IN LONG AND SHORT STITCH NO. 24. IN EACH SUCCEEDING ROW STITCHES OF EQUAL LENGTH ARE WORKED INTO THE SPACES, GIVING THE PATTERN OF LAID BRICKS.

FRAME OR HAND WORK.

POINT PLAT, Broderie au passé.

1.—EXÉCUTION INCLINÉE: POUR LES TIGES.

2.—EXÉCUTION DROITE: POUR LES FEUILLES.

3.—EXÉCUTION SUR DEUX INCLINAISONS OPPOSÉES. VOYEZ POINT D'ARÊTE NO. 12.

CE POINT EST COMMUN AUX BRODERIES DE LA PLUPART DES PAYS.

1.—WORKED ON THE SLOPE AS A STEM.

2.—WORKED STRAIGHT ACROSS AS A LEAF.

3.—WORKED ON OPPOSING SLOPES, C.P. FISH-BONE NO. 12.

THIS STITCH IS COMMON TO THE EMBROIDERIES OF MOST COUNTRIES.

29

POINT DE VANNIER OU POINT DE BRIQUES.

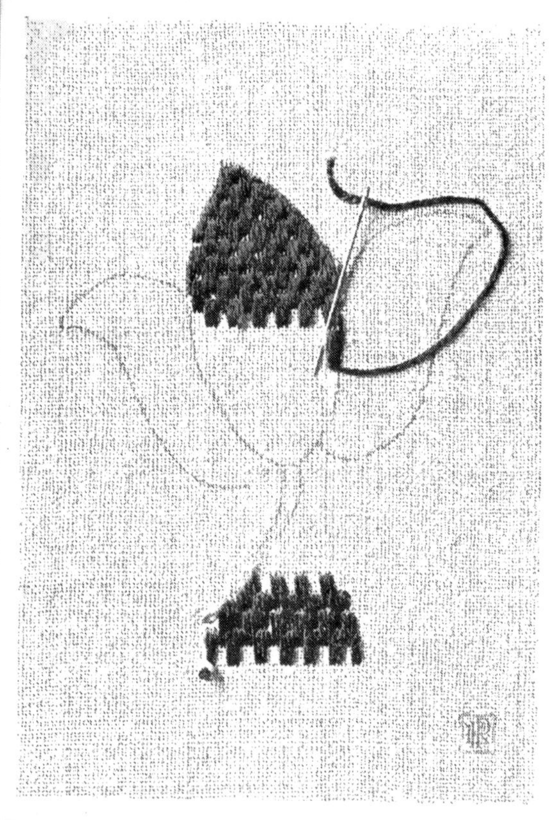

CE REMPLISSAGE SE COMPOSE DE PETITS BLOCS AU POINT PLAT, TRAVAILLÉS D'APRÈS LA MÉTHODE DU NO. 27.

EN USAGE DANS LES OUVRAGES DE L'ORIENT ET DANS LES BRODERIES PERSANES.

THIS FILLING CONSISTS OF SMALL BLOCKS OF SATIN STITCH, WORKED AFTER THE MANNER OF NO. 27.

USED ALSO IN EASTERN AND PERSIAN EMBROIDERIES.

REMPLISSAGE AU POINT DE BRIQUE ET DE CROIX.

BRODER LES BRIQUES EN MÉNAGEANT UN ESPACE ENTRE CHACUNE D'ELLES. CET ESPACE SERA REMPLI PAR DE PETITES CROIX DROITES D'UNE AUTRE COULEUR.

THE BRICKS ARE WORKED WITH A SPACE BETWEEN, WHICH IS THEN FILLED IN WITH SMALL UPRIGHT CROSS IN ANOTHER COLOUR.

CARRÉS et FAGOTS.

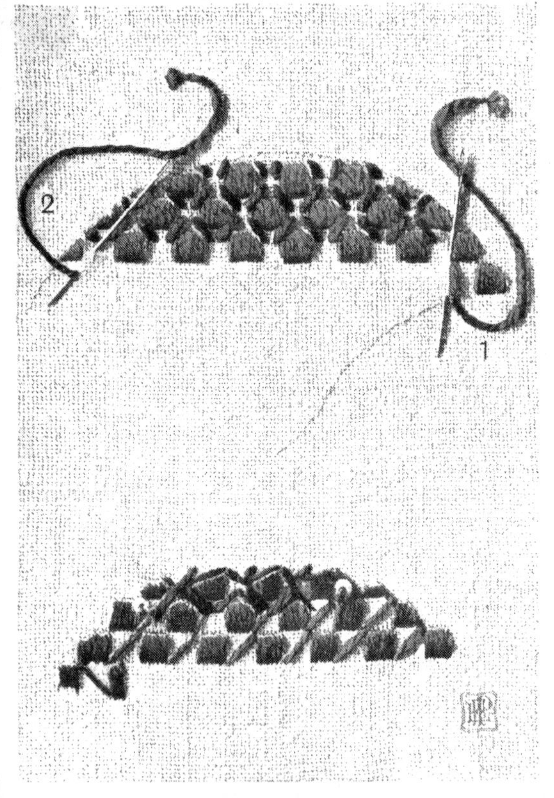

LES CARRÉS SONT TRAVAILLÉS LES PREMIERS, PUIS LES POINTS SONT PLACÉS DIAGONALEMENT A TRAVERS LES COINS QUI SE TOUCHENT.

QUAND L'OUVRAGE EST TERMINÉ, L'ESPACE LAISSÉ EN BLANC A L'APPARENCE D'UNE CROIX DE MALTE.

THE SQUARES ARE WORKED FIRST, AND THEN THE STITCHES PLACED DIAGONALLY ACROSS THE TOUCHING CORNERS. THE LINEN LEFT PLAIN HAS THE APPEARANCE OF MALTESE CROSSES WHEN A LARGER QUANTITY OF THIS STITCH IS SEEN.

REMPLISSAGE AU POINT D'ECHIQUIER.

BRODER LES CARRÉS COIN CONTRE COIN COMME DANS LA PLANCHE PRÉCÉDENTE.

POSER ENSUITE LES CROIX D'UNE COULEUR DIFFÉRENTE AVEC UN PETIT POINT DE LA SECONDE COULEUR POUR LES TENIR EN PLACE.

THE SQUARES ARE WORKED FIRST CORNER TO CORNER AS IN THE PREVIOUS PLATE. THEY ARE THEN CROSSED WITH ANOTHER COLOUR, AND A SMALL STITCH OF THE SECOND COLOUR HOLDS THE CROSS IN PLACE.

33

REMPLISSAGE: AU POINT DE FAGOT

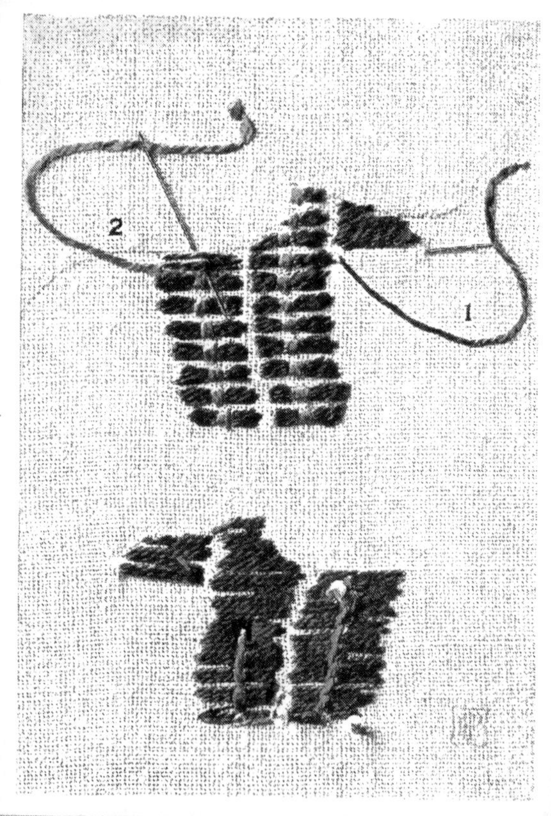

LES EXTRÉMITÉS DES PETITS RECTANGLES (QUI SONT BRODÉS LES PREMIERS) NE DOIVENT PAS ÊTRE TROP NETTES; LES FAGOTS DOIVENT AVOIR UNE APPARENCE UN PEU IRRÉGULIÈRE.

1 ET 2 MONTRENT LES ÉTAPES DE L'OUVRAGE.

BRODÉ AU MÉTIER.

THE ENDS OF THE BUNDLES (WHICH ARE WORKED FIRST) SHOULD NOT BE KEPT TOO EXACT, BUT THE FAGGOTS SHOULD BE ROUGHLY IN LINE.

1 AND 2, STAGES OF WORK.

FRAME WORK.

REMPLISSAGE AU POINT PLAT, dit DIAMANT TAILLÉ.

POSER PREMIÈREMENT LE TREILLIS.

LES DIAMANTS SERONT ALORS REMPLIS AVEC LE POINT PLAT, ET, EN DERNIER LIEU, ON PLACERA LES ETOILES POUR TENIR LES COINS EN PLACE.

1, 2, 3, DIVERSES ETAPES DE L'OUVRAGE.

TRAVAILLÉ AU MÉTIER.

FIRST THE TRELLIS IS LAID, THEN THE DIAMONDS ARE FILLED IN WITH SATIN STITCH, AND LASTLY THE STAR WORKED TO HOLD THE CORNERS IN PLACE.

1, 2 AND 3, STAGES OF WORK.

FRAME WORK.

POINT DE REMPLISSAGE, dit POINT D'ETOILES.

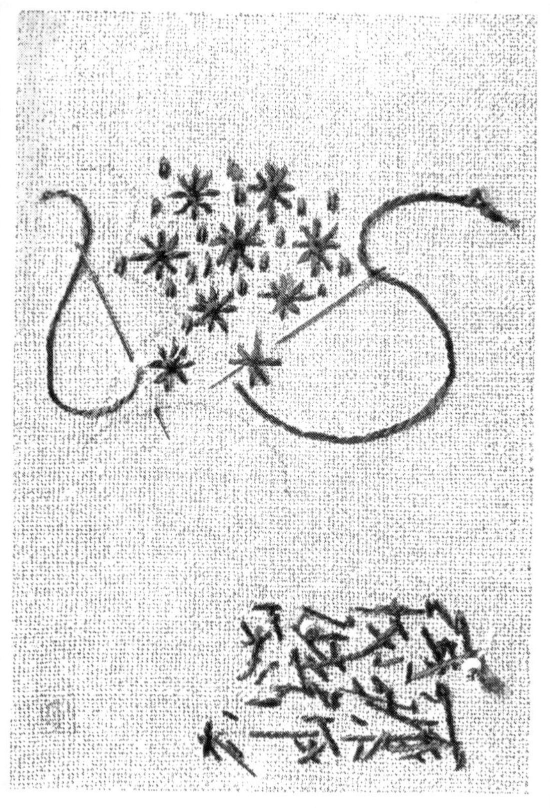

ON EMPLOIE LES ETOILES, CAR ELLES REMPLISSENT BIEN.

LES PETITS POINTS DE RIZ SONT POSÉS ENTRE LES ETOILES POUR EVITER DE TROP GRANDS VIDES.

THE STARS ARE WORKED AS THEY FILL THE REQUIRED SPACE MOST SATISFACTORILY. THE SMALL RICE STITCHES ARE PLACED BETWEEN TO AVOID TOO LARGE CLEAR SPACES.

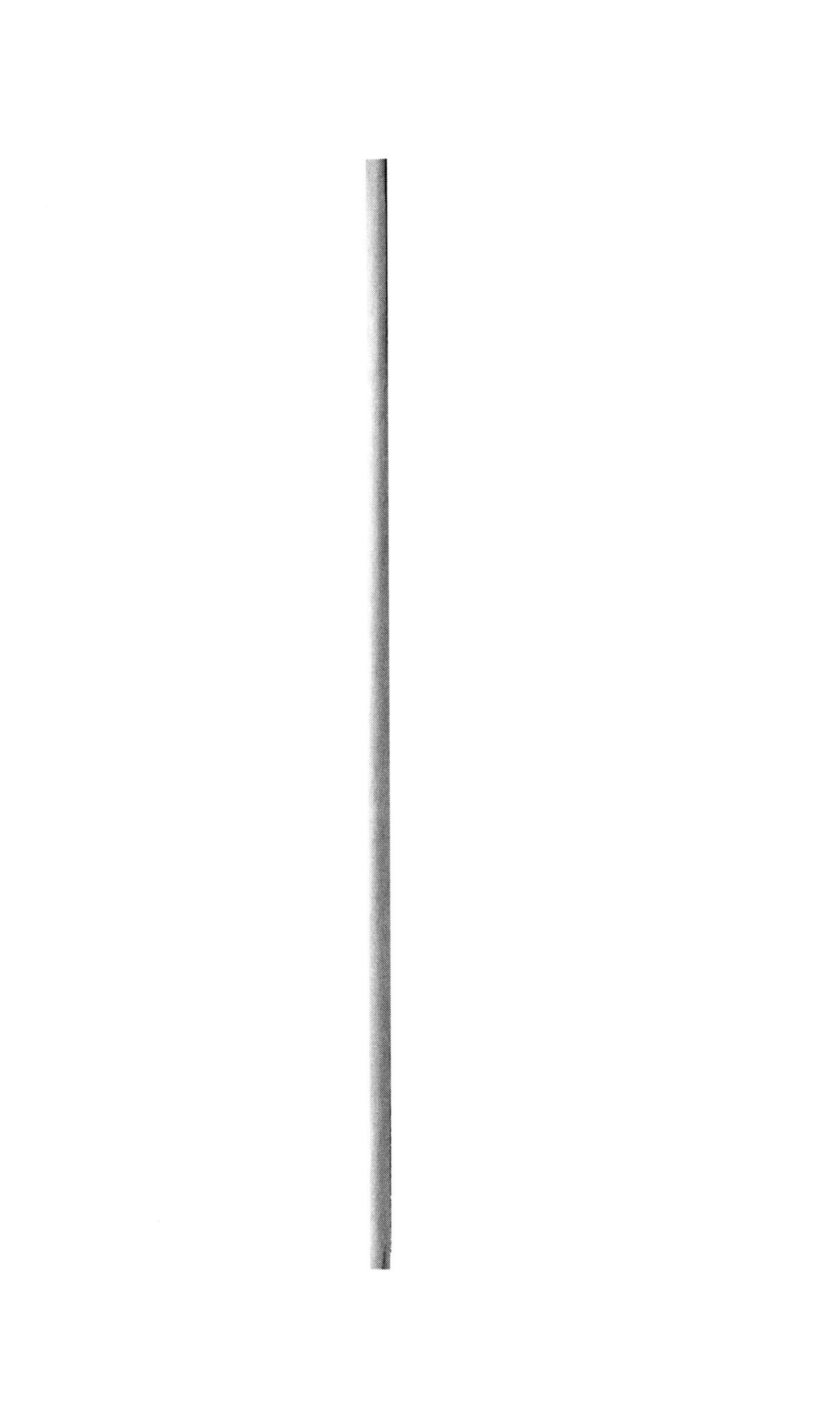